원호 # 의상 # 해골 속의 물 # 불교 대중화 # 설총

글쓴이 김증래
중앙대학교 문예창작학과를 졸업했으며, 《현대 시학》으로 등단하였습니다. 작품으로는 시집 《이상한 일이 요즘엔》, 유아생활동화 〈코돌이의 힘자랑〉, 〈무지개 나라〉, 〈그림자 친구〉 등이 있습니다.

그린이 김진홍
응용 회화를 전공했으며, 한국출판미술가협회 회원으로 '진 일러스트'를 운영하고 있습니다. 작품으로는 〈손으로 노래하는 우리 엄마〉, 〈세상 모든 작가들의 문학 이야기〉 등이 있습니다.

펴낸이 김준석 **펴낸곳** 교연미디어 **편집 책임** 이영규 **리라이팅** 이주혜 **디자인** 이유나 **출판등록** 제2022-000080호 **발행일** 2023년 2월 15일
주소 서울시 관악구 법원단지 16길 18 B동 304호(신림동) **전화** 010-2002-1570 **팩스** 050-4079-1570 **이메일** gyoyeonmedia@naver.com

*이 책에 실린 글과 그림의 무단 복제 및 전재를 금합니다.

【바른 삶과 인성을 깨우친 위인들】

원효

-불교 대중화 이야기-

김증래 글 | 김진홍 그림

대한민국

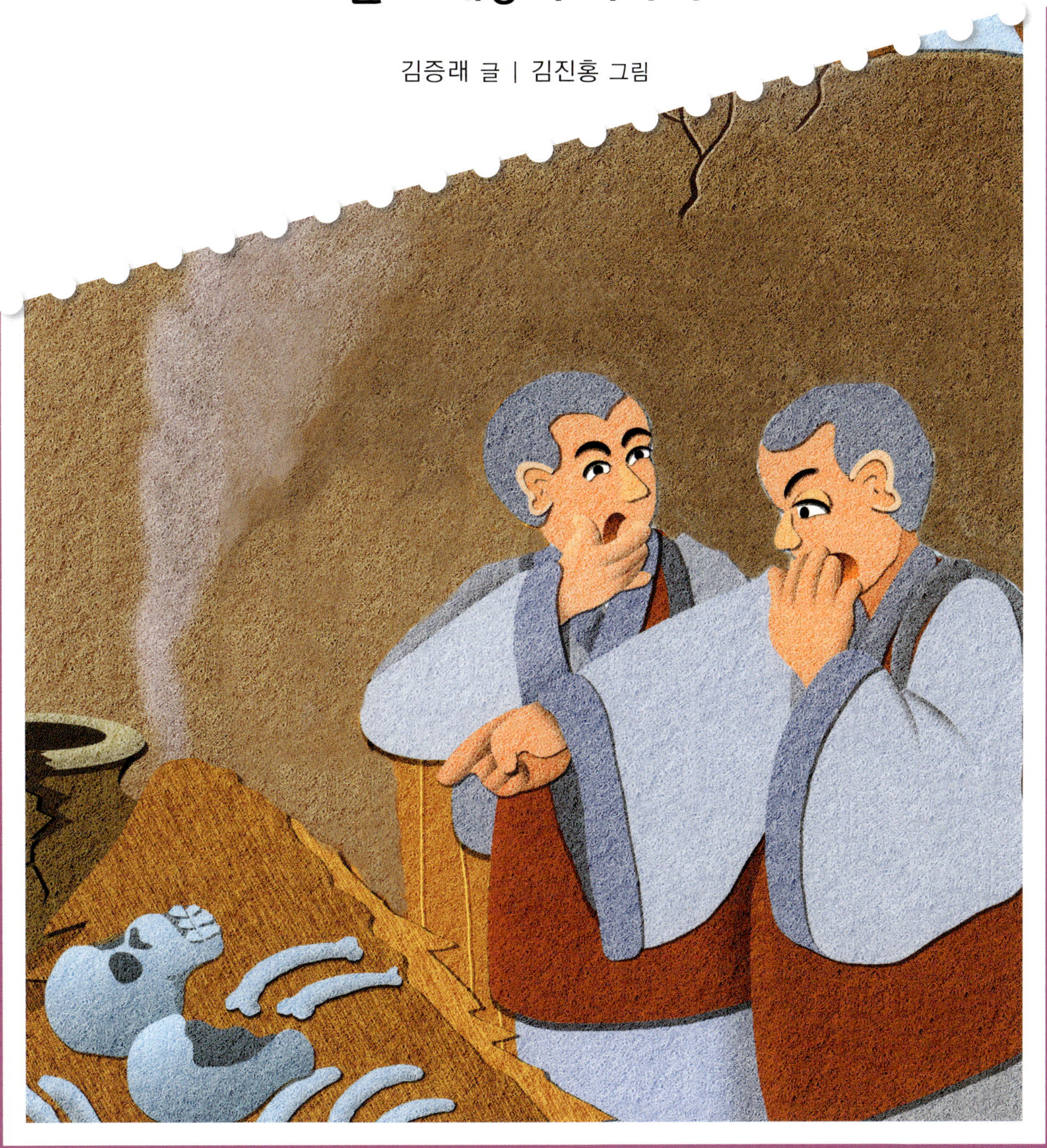

알콩달콩 사이 좋게 사는 설담날 부부에게는
걱정이 하나 있었어요.
바로 아기가 생기지 않는 것이었지요.
설담날 부부는 새벽마다 일어나
부처님에게 기도를 올렸어요.
"비나이다, 비나이다. 부처님께 비나이다.
건강한 아기 하나 낳게 해 주십시오……."
설담날 부부는 간절히 기도했답니다.

그러던 어느 날 밤이었어요.
"어머나!"
설담날의 부인이 소리를 지르며 잠에서 깨어났어요.
"무슨 나쁜 꿈이라도 꾸었소?"
깜짝 놀란 설담날이 부인에게 물었어요.
"이상한 꿈을 꾸었어요. 하늘에서 큰 별 하나가
내려오더니, 제 뱃속으로 들어갔지 뭐예요."
"그것 참 신기한 꿈이구려."
그날 이후 설담날의 부인은
배가 점점 불러오기 시작했답니다.
드디어 아기를 가진 거예요.

어느 날, 설담날의 부인은 *율곡 마을의
밤나무 아래를 지나고 있었어요.
그런데 갑자기 주위가
오색 구름으로 뒤덮이는 게 아니겠어요?
순간, 설담날의 부인은 배가 아파오기 시작했어요.
"아유~ 배야! 아기가 나오려나 봐요."
잠시 후, 설담날의 부인은 밤나무 아래에서
사내아기를 낳았어요.
설담날은 아기에게 '서당'이라는
이름을 지어 주었어요.
이 아기가 뒷날 우리나라의 불교를
크게 일으킨 원효 대사랍니다.

*설담날의 부인은 율곡 마을의 밤나무 아래에서 원효를 낳았는데,
 이 나무를 '사라수'라고 불렀다고 해요.

서당은 어렸을 때부터 총명하고 씩씩했어요.
"하하, 앞으로 큰 인물이 되겠어."
서당은 할아버지의 기대를 한몸에 받으며
무럭무럭 자랐어요.
그리고 신라의 청소년 *수련 단체인
*화랑도에 들어가 활동하였답니다.

*수련은 정신 수양이나 운동 따위를 통해서 몸과 마음을 기르는 것을 말해요.

화랑도를 만든 진흥왕의 묘
화랑도는 교육적·군사적·사교적 기능을 가진 신라의 청소년 수련 단체로, 학문과 무술 등을 가르쳤답니다.

화랑이 된 서당은 종종 싸움터에 나가게 되었어요.
그러던 어느 날, 친하게 지내던 동료가
적이 쏜 화살에 맞아 죽고 말았어요.
"흑흑흑!"
서당은 동료를 붙들고 슬피 울었어요.
그리고 얼마 후, 서당의 어머니가 돌아가셨어요.
'아, 사람이 이토록 쉽게 죽다니…….'
서당은 큰 충격을 받았답니다.

삶과 죽음에 대해 고민하던 서당은
*출가를 하여 승려가 되기로 결심하였어요.
"뭐? 갑자기 승려가 된다니! 절대 안 된다!"
할아버지는 펄쩍 뛰며 반대했어요.
하지만 서당의 고집을 꺾을 수는 없었지요.
결국 서당은 절로 들어가 승려가 되었답니다.

*출가는 세속(세상)을 떠나 불문(불교)에 들어 수행 생활을 하는 것을 뜻해요.

신라의 왕은 나라를 다스리는 데 불교를 이용했어요.
그래서 왕족이나 귀족 출신의 승려들이 많았지요.
대표적인 왕족 출신의 승려로는 의상이 있는데,
의상과 원효는 서로 친하게 지냈다고 해요.

원효와 의상은 불교에 대해 더 많은 공부를 하기 위해
당나라로 유학을 떠났어요.
*우여곡절 끝에 당항성에 도착한 원효와 의상은
산속을 헤매게 되었지요.
"벌써 날이 어두워졌으니, 큰일입니다."
"그러게. 할 수 없군. 오늘 밤은
저기에서 쉬었다가 가는 수밖에."
원효가 가리킨 곳에는 동굴 하나가 있었어요.

*우여곡절은 여러 가지로 뒤얽힌 복잡한 사정이나 변화예요.

원효와 의상은 동굴 안으로 들어가자마자 스르르 잠이 들었어요.
한참 잠을 자던 원효는 목이 말라 부스스 자리에서 일어났어요.
"뭐 마실 만한 것이 없을까?"
원효는 캄캄한 동굴 안에서 더듬더듬 손을 움직였어요.
그러자 바가지 하나가 손에 '탁' 걸렸어요.
원효는 바가지 안에 들어 있던 물을 벌컥벌컥 마셨어요.
"내 평생 이렇게 맛있는 물은 처음 먹어 보는군."
원효는 만족한 미소를 지으며 다시 잠을 청했어요.
그런데 다음 날 아침, 잠에서 깬 원효는 깜짝 놀랐어요.
동굴이라고 생각했던 곳은 무덤 안이었고,
바가지라고 생각했던 것은 해골이었지 뭐예요.

"아니, 그럼 해골 속에 있던 물을
그렇게 맛있게 마셨단 말인가?"
이 일로 원효는 '모든 것은 마음먹기에 따라 달라진다'
는 것을 깨달았어요.
"깨달음을 얻었으니 당나라에 갈 필요가 없겠군."
원효는 의상과 헤어져 돌아왔어요.
이후 원효는 *태종무열왕의 딸인
요석공주와 결혼하여 설총을 낳았답니다.

태종무열왕릉비
태종무열왕은 신라의 제29대 왕으로, 본명은 김춘추예요. 성골만 왕이 될 수 있었던 신라의 골품제도 규칙을 깬 최초의 진골 출신 왕이랍니다. 신라의 명장 김유신과 함께 삼국 통일의 발판을 다졌어요.

스님의 신분에서 벗어난 원효는
스스로를 '소성거사'라고 칭하였어요.
또한 광대가 가지고 다니던 괴상한 모양의
*박을 얻어 '무애'라는 이름을 붙인 후,
'무애가'라는 노래를 부르며 이곳저곳을 돌아다녔지요.
이렇듯 원효는 귀족들이 아닌 일반 백성들에게
불교를 전파하며 '불교의 *대중화'에 힘썼답니다.

*대중화는 어떤 사물이나 현상 따위가 사람들 사이에 널리 퍼지는 것을 뜻해요.

호리병박
박은 열매가 익으면 껍질이 단단해져 술이나 물을 담는 용도로 쓰였어요.

원효의 사상은 매우 다양하지만 결국
서로 다른 이론을 인정하고 조화시키려는
'화쟁'이라고 할 수 있어요.
원효는 이를 위해 죽기 전까지 수많은 책을 썼는데
《대승기신론소》,《금강삼매경론》 등이 있답니다.

원효

따라잡기

617년 신라 금성 불지촌 율곡에서 태어났어요.

소년기에는 화랑도에 들어가 화랑으로 활동하였으며, 삶과 죽음에 대해 고민하다가 출가를 결심하였어요.

이후 황룡사에 들어가 승려가 된 원효는 자신의 집을 바쳐 초개사를, 자신이 태어난 사라수 옆에 사라사를 세웠으며, 영취산·흥륜사·반룡산 등을 찾아다니며 불도를 닦았어요.

650년 당나라의 고승 현장에게 불법을 배우기 위해 의상과 함께 유학을 떠났다가 요동 근처에서 고구려 순라군(국경 경비대)에게 붙잡혔어요.

661년 다시 의상과 함께 당나라로 유학을 떠났어요.

당항성 근처의 한 동굴에서 잠을 자다가 잠결에 주위에 있던 물을 찾아 맛있게 마셨어요. 다음 날 깨어나 다시 보니, 어젯밤 자신이 마셨던 것이 해골에 담긴 더러운 물이었음을 알고 깜짝 놀랐어요. 이로 인해 모든 것이 마음먹기에 달렸다는 것을 깨닫고 유학을 포기했어요.

그 뒤 분황사에 머물며 불교를 알리기 위해 《화엄경소》를 썼어요.

어느 날, 거리에 나가 "누가 자루 없는 도끼를 내게 주겠느냐, 내 하늘을 받칠 기둥을 깎으리로다."라고 노래를 불렀어요. 노래의 숨은 뜻을 눈치챈 태종무열왕은 자신의 딸인 요석공주와 원효를 맺어 주었고, 원효는 요석공주와의 사이에 설총을 낳았어요.

686년 불교의 대중화에 힘쓰다가 혈사(穴寺, 경주시 양북면 소재 골굴사)에서 입적에 들었어요.(입적은 수도승이 죽는 것을 뜻해요.)

원효
연관검색

꽃보다 아름다운 신라의 화랑도

금곡사지 원광법사 부도탑

화랑도(花郞徒)는 신라의 진흥왕이 인재를 양성하기 위해 만든 청소년 수련 조직이에요. 화랑도의 우두머리는 '화랑'이라고 하지요. 15~18세의 청소년으로 구성된 화랑도는 전국의 명산 등을 돌아다니며 도의, 무예, 학문 등을 익혔다고 해요. 유명한 화랑으로는 가야 정벌에 참여한 사다함, 삼국 통일의 주인공 김유신 등이 있어요. 원광법사는 화랑이 지켜야 했던 다섯 가지 계율 '세속오계'를 만들었는데, 그 내용은 다음과 같아요.

1. 사군이충(事君以忠)
   임금(국가)에 충성을 다할 것
2. 사친이효(事親以孝)
   부모에 효도를 다할 것
3. 교우이신(交友以信)
   신의로써 벗을 사귈 것
4. 임전무퇴(臨戰無退)
   전쟁터에 나아가서는 물러남이 없을 것
5. 살생유택(殺生有擇)
   함부로 살생을 하지 말 것

우리나라 화엄종을 만든 의상대사

의상대사가 관음보살을 보았다던 해안 암벽 위에 설치한 낙산사 홍련암

의상대사는 중국 당나라에서 지엄으로부터 화엄종(華嚴宗)을 배웠어요. 이후 신라로 돌아와 강원도 양양의 낙산사 관음굴에서 수행하였으며, 경북 영주에 있는 봉황산에 부석사를 세웠어요. 또한 우리나라 화엄종을 만들었답니다.

신라의 3대 문장가가 된 원효의 아들 설총

경북 경주의 전홍유후설총묘

설총은 신라의 학자로, 원효와 요석공주 사이에서 태어났어요. 어렸을 때부터 학문을 익히는 것에 뛰어난 재능을 보였던 설총은 이두 문자를 정리하고 발전시켰으며, 강수·최치원과 함께 신라의 3대 문장가로 꼽힌답니다. 저서로는 <화왕계> 등이 있어요.

PHOTO ALBUM

효창공원에 있는 원효 대사의 동상

황룡사의 당간지주

원효가 출가한 황룡사의 터

원효가 머물며 《화엄경소》를 썼던 경북 경주 분황사의 모전석탑

원효

사진첩

원효가 머무르면서 불법을 전파했던 분황사지

원효가 창건한 전남 강진의 무위사 극락보전

원효가 주지로 있었던 고선사의 옛 터에 세워져 있던 경주 고선사지 삼층석탑

원효가 머물렀던 원효암의 칠성각

원효암 입구에 있는 삼층석탑